.

SNEACHTA

transcreations in Irish & English of Issa's snow haiku
by Gabriel Rosenstock

Published in Oxford by The Onslaught Press
11 Ridley Road, OX4 2QJ
on 19 November, 2016,
the 189th anniversary of Issa's death

ISBN: 978-0-9956225-3-1

Typeset by Mathew Staunton in DIN Next and FRONTAGE
Printed and bound by Lightning Source

Every snowflake is perfect, pure, unique.
So, too, is every human being,

essentially.

light fall of snow . . .
a dog digs a hole
by the wayside

sneachta éadrom . . .
poll á thochailt ag gadhar
ar thaobh an bhóthair

letting the snow fall down . . .
a horse stands motionless
in grass

gan cor as
ligeann sé don sneachta titim . . .
bromach sa ghort

ocean's roar
beyond the fence . . .
snow at night

búir aigéin
lastall den chlaí . . .
sneachta oíche

night snow . . .
the profound silence
of passers by

sneachta oíche—
daoine ag dul thar bráid
ina dtost

níl an sneachta
in ann é a cheilt—
cac an ghadhair

the snowfall
can't disguise it—
dog shit

spring snow . . .
how it clings
to my threadbare sleeves

sneachta earraigh . . .
an tslí a gcloíonn sé
le mo mhuinchillí scáinte

the snows of Shinano . . .
ever falling
from my heart

óm chrói istigh
a thiteann sé . . .
sneachta Shinano

it's autumn already . . .
reclining and gazing
at snow-clad peaks

tús an fhómhair—
sínte siar, ag breathnú
ar bheanna faoi shneachta

snow melts . . .
crows are congregating
in one black spot

in aon bhall dubh amháin
atá na préacháin cruinnithe . . .
sneachta á leá

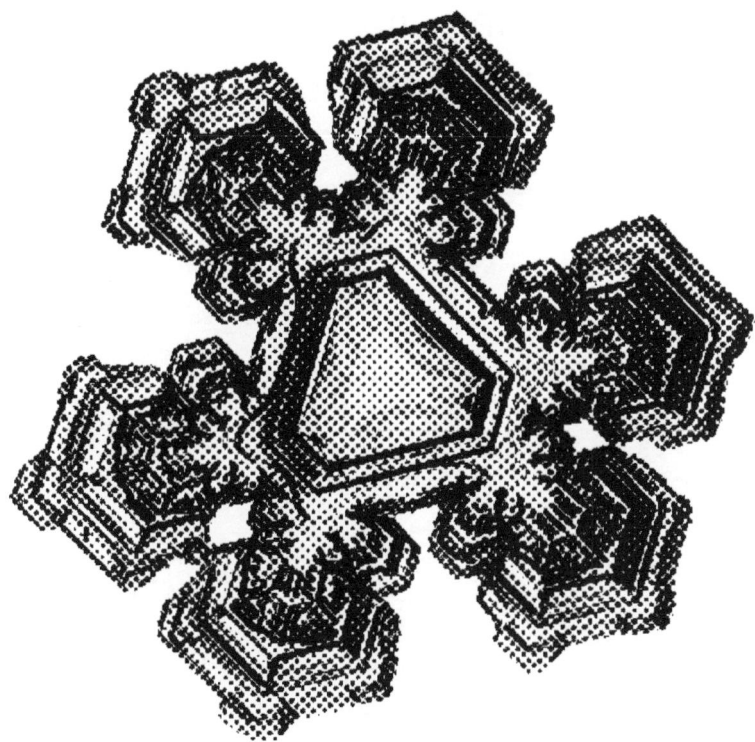

sneachta á leá . . .
guthanna maidine
na n-oilithreach

snow disappearing . . .
the morning chant
of pilgrims

snow vanishes . . .
moonlight is softer
where ducks are nesting

sneachta á leá . . .
solas bog ón ré
i measc neadacha na lachan

first fall of snow . . .
a beggar at the gate
bright and early

an chéad chith sneachta . . .
bacach ag an ngeata
go luath ar maidin

heavy snow . . .
now and again
the Milky Way

cáitheadh sneachta . . .
anois is arís
Bealach na Bó Finne

breacadh an lae . . .
Búda sneachta
á dhéanamh agam

daybreak . . .
fashioning a Buddha
out of snow

a perfect snowball . . .
next thing you know
my horse gobbles it!

an liathróid shneachta
a bhí déanta agam—
ite ag an gcapall!

calóga sneachta
ag tuirlingt anuas . . .
mo dhá dhearna

flakes of snow
fluttering down . . .
my open palms

an chéad chith sneachta i mbliana . . .
praiseach cheart déanta
ag na préacháin

the year's first snow . . .
what a fine mess
the crows have made

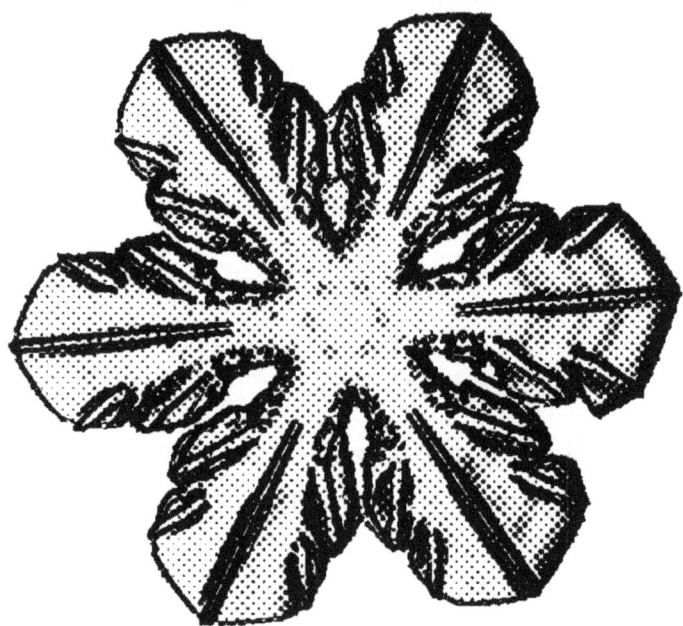

sneachta á leá . . .
sráidbhaile ag cur thar maoil
le páistí!

melting snow . . .
the whole village flooded
with children!

an chéad chith sneachta . . .
urnaí maidine á chanadh
ag sagart

first snow . . .
a priest intones
a morning blessing

carn beag sneachta fágtha
sin uile . . .
na gealbhain fiú ag spochadh as

nothing left
but a measly lump of snow . . .
sparrows taking the piss!

drithle sholais
ón sneachta . . .
teach an asail

a faint glimmer
from the snow . . .
loo spotlight!

bróga sneachta orm
amach liom . . .
pé rud a thug amach mé

facing the world
with snowshoes on . . .
whatever brought me out

ardú croí
ar ghéanna is ar lachain . . .
sneachta earraigh

geese and ducks
all mightily heartened . . .
spring snow

leoithne earraigh
ag séideadh . . .
sneachta ag guairneán

blowing gently . . .
a spring breeze
through whirling snow

big business
this melting snow . . .
city folk!

gnó mór is ea é
an sneachta seo á leá—
lucht cathrach!

oíche dhorcha . . .
an chéad chalóg shneachta
ar bhaic mo mhuiníl

dark night . . .
the first snowflake
on the back of my neck

the great snow is over . . .
out they come on the street
young wasted slumdogs

an sneachta mór thart
amach leo ar an tsráid—
páistí tanaí na slumaí

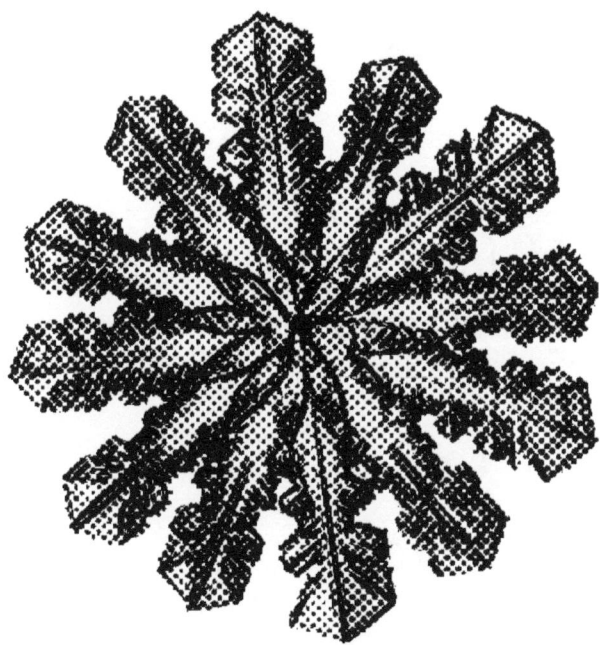

cnag! cnag!
an gort ríse á threabhadh . . .
sneachta righin

klunk! klunk!
ploughing the rice field . . .
impacted snow

snow has arrived!
the impish little pig
is soon for the pot

tá an sneachta tagtha!
is gearr go mbeidh an mhuc spraíúil
sa phota

Spring is here . . .
but snow in every thicket still
and more snow

tá an t-earrach linn—
ach i ngach muine
sneachta is tuilleadh sneachta

ní haon chúis gháire é . . .
boinéad sneachta
ar an mbuin!

it's no joke . . .
the cow has a bonnet
of snow

teannas
i nguth an fhiliméala—
calóga sneachta

tension enters
the nightingale's song . . .
snowflakes

lá sneachta . . .
anois is arís
gabhann an chuileog amach ag spraoi

snowy day . . .
the fly pops out occasionally
for a bit of craic

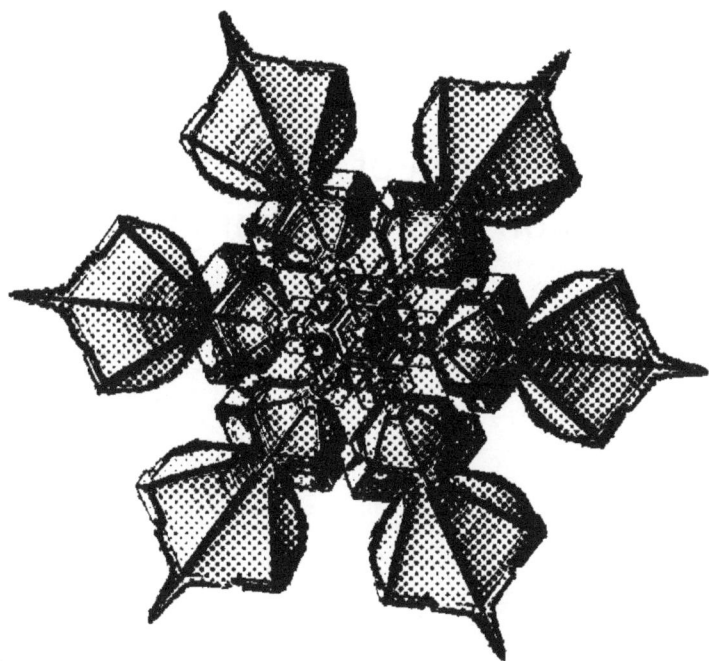

a big cat
urinating out of view . . .
snow on plum blossoms

cat mór
ag déanamh a mhúin faoi choim—
sneachta ar bhlátha na bplumaí

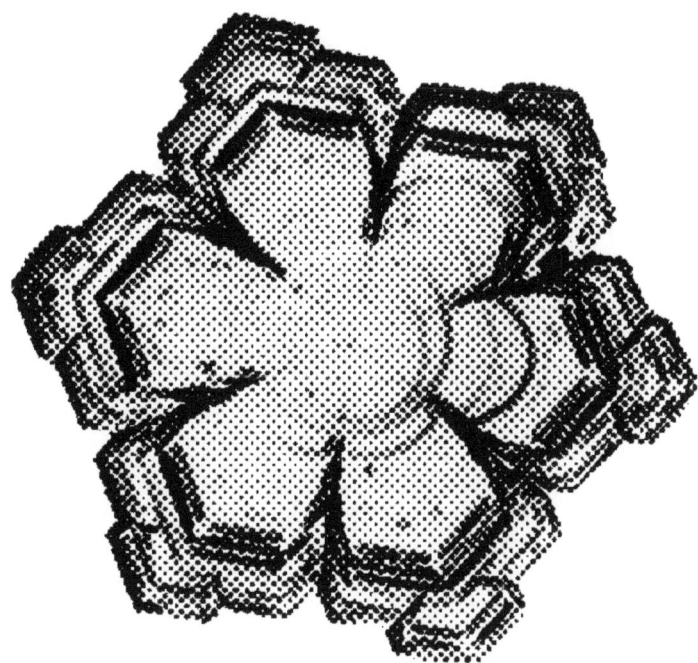

other haiku collections from The Onslaught Press:

behind the yew hedge (2015)
Gabriel Rosenstock & Mathew Staunton

Antlered Stag of Dawn (2015)
Gabriel Rosenstock, John McDonald, & Mariko Sumikura

Judgement Day (2016)
Gabriel Rosenstock & Karl Waldmann

Tea wi the Abbot (2015)
Gabriel Rosenstock & John McDonald

and from our friends at Evertype:

The Naked Octopus (2013)
Gabriel Rosenstock & Mariko Sumikura

*Fluttering their way into my head:
an exploration of Haiku for young people* (2014)
Gabriel Rosenstock

9 780995 622531